MÉMOIRE

SUR

LA COLONISATION DE LA RÉGENCE D'ALGER.

IMPRIMERIE ET FONDERIE DE RIGNOUX ET Cie,
RUE DES FRANCS-BOURGEOIS-S.-MICHEL, N° 8.

MÉMOIRE

SUR

LA COLONISATION DE LA RÉGENCE D'ALGER.

PRINCIPES QUI DOIVENT SERVIR DE RÈGLES
POUR CETTE COLONISATION;

SYSTÈME DE DÉFENSE A ADOPTER
POUR GARANTIR LA COLONIE.

PAR LE BARON DE FÉRUSSAC.

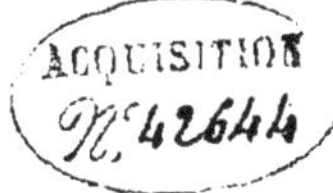

PARIS.
DELAUNAY, LIBRAIRE,
AU PALAIS-ROYAL.

1833.

Sommaire des Matières.

INTRODUCTION.

But et résultats principaux de cet écrit. — Mesures à prendre pour fixer, sans retard, le sort d'Alger et régler l'organisation et l'administration provisoires de cet établissement.

L'écrit que je publie sur la colonisation d'Alger a été rédigé, au mois de mars, pour répondre à quelques questions que j'avais été invité à traiter sur cet important sujet.

Mon but principal a été de chercher à éloigner le pouvoir de l'idée de faire par lui-même aucune entreprise de colonisation, et de m'efforcer de lui démontrer qu'il fallait laisser aux intérêts privés le soin de coloniser, c'est-à-dire de cultiver le territoire d'Alger et d'assurer, sous ce point de vue, la prospérité de cet établissement.

La réponse de M. le président du Conseil aux interpellations de M. le maréchal Clausel, prouve que tel est aussi le résultat des réflexions du gouvernement à cet égard, et qu'il est décidé à se borner *à protéger et laisser faire*. (*Moniteur* du 19 juin.)

C'est déjà une grande question de résolue dans l'intérêt du trésor et des vrais principes d'économie publique, comme aussi dans l'intérêt de l'avenir de cette colonie, et cette solution rend dès lors bien plus facile l'adoption d'un système rationnel d'administration pour cet établissement.

Il m'a semblé que la tâche du gouvernement devait se borner à assurer d'abord aux colons un territoire propre à y former des établissemens de culture et ensuite à les garantir contre toute invasion puissante, qui suppose nécessairement l'alliance de plusieurs tribus, des préparatifs plus ou moins considérables, et des moyens d'attaque qui ne peuvent être réunis sans que le pouvoir central de la colonie en soit averti à temps utile pour en prévenir les effets. J'ai distingué ces invasions qui mettraient en présence les deux armées, danger contre lequel le gouvernement seul peut garantir les colons, de ces excursions inopinées de bandes ou de partis peu nombreux se glissant entre les postes avancés avec une grande audace, et dont le but est le pillage, l'incendie et le massacre.

Les excursions de cette nature sont le danger journalier que peuvent redouter les colons. C'est celui contre lequel il était indispensable de trouver un système simple et certain de défense. Or il était si naturel, pour répondre à cette nécessité, de penser à utiliser l'expérience acquise par les Romains et les Espagnols qui, pendant plusieurs siècles, se sont trouvés vis-à-vis des mêmes peuples dans une position très-semblable à la nôtre, que l'on ne peut assez s'étonner que dans les nombreux écrits qui ont été publiés sur la colonisation d'Alger, personne n'ait songé à proposer l'emploi d'un système analogue à celui qu'ils adoptèrent et dont on trouve partout encore des témoignages irrécusables soit en Afrique soit en Andalousie. Nous proposons donc un système de garantie et de défense contre ces excursions si redoutables, calqué sur celui qui fut suivi par les Romains et les Espagnols, c'est-à-dire un *système de défense mutuelle par les colons eux-mêmes*, aidés, protégés par les troupes de la garnison.

Nous n'hésitons pas à considérer l'emploi des troupes à presque tous les grands travaux d'utilité publique, comme un des plus grands moyens de succès pour la colonisation qui nous occupe. Nous pensons que cette mesure aura des avantages immenses, soit pour la bonne et prompte exécution des fortifications, des routes, des canaux, des desséchemens, là et quand il sera prudent de les y employer, soit pour les préserver de l'inaction et du désœuvrement, soit particulièrement dans l'intérêt de leur santé et de leur bien-être.

Sans croire à cette facilité si légèrement avancée par beaucoup d'écrivains de cultiver toutes les denrées coloniales à Alger, sans adopter aveuglément les pompeuses espérances qu'ils ont voulu nous donner, nous pensons qu'il est une foule de cultures étrangères à notre sol, et pour lesquelles nous sommes annuellement tributaires des contrées plus chaudes pour des sommes énormes, que l'on pourra cultiver dans ce pays avec succès, si on y met de la suite et de l'intelligence. Nous nous bornons, sous ce rapport, à de courts aperçus, car nous pensons que l'expérience seule pourra nous apprendre ce qu'il faut réellement attendre de cette nouvelle possession sous ce point de vue.

Considérer Alger simplement comme un point militaire dont l'occupation, toujours fort dispendieuse, serait cependant plus ou moins utile aux intérêts politiques et commerciaux de la France, serait tellement réduire l'importance de cette belle conquête et la voir sous un point de vue si rétréci, qu'il nous paraît impossible qu'une idée semblable puisse arrêter un moment l'attention des hommes éclairés. L'opinion générale n'a pas hésité un seul instant; tout le monde s'est prononcé pour la colonisation, et le gouvernement a lui-même si bien reconnu que dans la colonisation résidaient les principaux avantages de cette possession, qu'il y a envoyé à plusieurs reprises des colons, et qu'il a consacré des fonds à divers essais d'établissemens de culture et à la construction de quelques villages.

La sûreté, la prospérité de la colonie dépendent beaucoup de nos rapports avec les tribus indigènes; l'habileté, la prudence, l'adresse, l'équité du pouvoir colonial, peuvent seules assurer d'heureux résultats sous ce point de vue. Beaucoup de fautes ont été commises à cet égard; des préventions, des haines même se sont établies dans l'esprit de ces tribus : mais nous croyons qu'une conduite réfléchie et soutenue peut remédier au mal qui a été fait; nous pensons que, si l'on sait s'y prendre, ces tribus peuvent nous être très utiles et nullement redoutables; nous sommes convaincu que, sans vouloir appliquer à Alger le système anglais dans les Indes orientales, nous pouvons former des troupes avec les indigènes qui nous seront parfaitement dévouées, et qui contribueront puissamment à la sûreté, à la défense de la colonie, et nous permettront peut-être de réduire le nombre des troupes d'occupation.

On a d'ailleurs dit, avec beaucoup de raison, que dès que les peuples indigènes de la régence n'auraient plus de doutes sur nos intentions de conserver cette conquête, ils en prendraient leur parti et nous regarderaient comme des vainqueurs auxquels il faut se soumettre en s'arrangeant le mieux possible avec eux. Cette réflexion est très juste, et déjà on éprouve les bons effets de l'opinion qui commence à s'établir parmi ces peuples de la persistance de l'occupation.

Si l'autorité militaire, qui doit naturellement dominer dans un établissement que la force des armes peut seule protéger pendant long-temps encore, n'apporte pas les plus grands ménagemens vis-à-vis des colons; si un système municipal assis sur de larges bases, si une grande liberté ne leur sont pas accordés; si on n'a pas le plus grand respect pour les usages, les habitudes, la religion surtout de tous ces peuples divers qui peupleront la colonie, on risquera de tout compromettre. Imitons, sous le rapport des franchises, des libertés communales, le système des États-Unis, et donnons à nos colons d'Alger toute la liberté dont jouissent les planteurs américains; ce sera le moyen d'assurer l'accroissement rapide de la population et la prospérité des cultures.

Mais toutes ces considérations seraient stériles si un bon système d'administration générale n'était point adopté et suivi, si le choix des premières autorités auxquelles cette administration sera confiée ne répondait pas à l'exigence des circonstances.

Nous pensons qu'il est dans l'intérêt du pouvoir, comme dans celui du nouveau gouverneur chargé des destinées d'Alger, qu'avant son départ une ordonnance mûrement méditée détermine, sous forme de *règlement d'administration publique*, l'état, la condition politique d'Alger et de ses habitans divers, et pose les premières bases de l'administration générale et de l'organisation civile, judiciaire, financière et militaire de cet établissement. Alors le nouveau gouverneur aura du moins une boussole pour se diriger dans les fonctions si nouvelles et si difficiles qu'il est appelé à remplir, et le gouvernement un moyen d'action et de contrôle sur ce premier fonctionnaire.

La position d'Alger par rapport à la France, les différences notables qui distinguent cette conquête de nos divers établissemens coloniaux, la nécessité, peut-être, de sortir des voies suivies jusqu'ici pour l'administration de ces établissemens, et de se garantir contre toute assimilation à ce sujet, m'ont fait penser qu'il serait beaucoup plus simple et bien plus avantageux de considérer Alger comme une simple *annexe de territoire,* pour laquelle cependant des règles législatives particulières devraient être établies. La bonne solution de cette question : *quel est l'état politique qu'il convient d'accorder à Alger?* nous paraît être de la plus haute importance sur la destinée future de ce pays, et pour les avantages que nous pouvons nous promettre de sa conquête.

L'État, les droits des personnes, le mode de la justice à leur rendre, suivant que ce sont des indigènes, des Français ou des étrangers de toutes les nations qui abonderont à Alger, est un point important et difficile à bien régler.

Les relations fiscales entre cet établissement et la France, selon qu'elles seront établies dans le double intérêt de la colonie et de la métropole, dans un intérêt de prospérité future surtout, ou dans des vues mesquines du revenu du moment, sont des considérations qui demandent toutes les lumières et la sagesse du pouvoir.

Ces bases générales de l'administration du pays, ces principes desquels doivent découler par voie de conséquence l'esprit et les règles de tous les détails de cette même administration, l'ordonnance que nous proposons les détermineraient; et, en vérité, nous ne concevons pas comment un gouverneur général pourrait remplir sa mission avec fruit, comment il pourrait suivre une marche uniforme et régulière sans cette boussole indispensable.

Un temps considérable perdu, des fautes nombreuses de commises, des fonds mal employés, sans profit pour l'établissement ni pour l'État, sont les reproches que l'on adresse au gouvernement. Ces reproches sont plus ou moins justes; mais on ne tient pas compte, en les lui adressant, de la difficulté des circonstances au milieu desquelles il a dû cependant rétablir l'ordre au dedans et chercher à nous conserver la paix au dehors.

Quelque opinion que l'on ait sur la marche qu'il a suivie à cet égard, on ne peut nier que ces grands et importans résultats n'aient dû absorber tous ses momens et toute son activité.

Aujourd'hui que les temps sont changés, nul doute qu'il n'assure enfin prochainement l'état et la destinée de cet établissement.

En effet, le gouvernement ne peut aujourd'hui différer à s'occuper sérieusement d'Alger et de toutes les questions qui se rattachent à cet établissement. Il ne peut tarder à adopter un plan de conduite et de direction à son sujet. On assure qu'il a le projet de s'entourer des lumières d'une Commission spéciale pour préparer ses délibérations à cet égard. Cette commission se rendrait, dit-on, à Alger, selon les uns pour constater seulement l'état des choses dans ce pays et le déclarer ensuite aux Chambres et à la France; selon d'autres, avec la mission, non-seulement, d'étudier cet état de choses et de recueillir tous les faits propres à éclairer le gouvernement, mais aussi dans le but de lui proposer, comme résultat de ses travaux, le meilleur plan à suivre, le meilleur système d'administration et de colonisation à adopter.

Nous hésitons à croire que le gouvernement envoie une Commission à Alger uniquement pour constater son état actuel. Sans doute on ne rend pas toute la justice qui est due à l'administration, sous ce rapport. Il paraît certain que depuis un an des améliorations ont eu lieu, que divers services ont été organisés d'une manière satisfaisante, et que d'importans résultats ont été obtenus dans nos rapports avec les tribus de l'Atlas. Ces progrès, ces succès ne sont certainement pas sans intérêt pour la France, mais ce qu'elle désire surtout, c'est que l'état politique d'Alger soit fixé, c'est qu'on sache à quel régime on y est soumis quant aux lois et à l'administration de la justice, c'est la connaissance des principes sur lesquels seront fondées les relations commerciales d'Alger avec la France, avec les peuples indigènes et avec les puissances étrangères; c'est, en un mot, de savoir si on peut y fonder avec sécurité des établissemens industriels ou de culture; tout le reste n'a pour la France qu'une importance secondaire.

D'un autre côté, envoyer à Alger pour recueillir des faits propres à éclairer le gouvernement et lui proposer un système d'administration et de colonisation semble être une mesure peu propre à atteindre un tel but. En effet, le gouvernement, par ses agens de toutes les espèces, le nombre d'hommes expérimentés qui lui ont fait des rapports, les renseignemens qu'il a dû demander, doit être certainement très instruit à cet égard.

Nous sommes, pour notre part, très convaincus que le gouvernement possède toutes les connaissances nécessaires pour établir convenablement l'organisation et l'administration provisoires de cet établissement.

D'ailleurs ne risquerait-on pas que, même en choisissant avec beaucoup de discernement les hommes les plus capables de bien observer et de proposer le meilleur système, les opinions les plus contradictoires ne naquissent au sein même d'une Commission qui ne pourra passer à Alger qu'un temps nécessairement fort court? et qui ne pourra jamais acquérir l'expérience des hommes et des choses de ce pays comme les divers chefs qui l'ont administré depuis quelques années, et qui ont dû en apprendre plus en six semaines par le jeu, le frottement de tous les intérêts, que cette commission ne pourrait en savoir en six mois?

Nous n'hésitons donc pas à croire que cette mesure, si elle est réellement dans la pensée du gouvernement, est déterminée par des motifs plus sérieux, plus graves, et qu'il ne nous appartient pas de connaître.

C'est dans cette persuasion et dans la croyance que les motifs d'une semblable mesure peuvent cesser d'un instant à l'autre, que nous hasardons nos vues sur ce qu'il conviendrait de faire le plus tôt possible à l'égard d'Alger. C'est le faible tribut d'un zèle stérile, puisse-t-il être accueilli avec indulgence! Si nous ne nous abusons pas, notre projet réunit la simplicité à la facilité et à la promptitude d'exécution, en même temps qu'il concilie tous les intérêts et semble satisfaire à toutes les exigences.

Si nous étions appelés à donner notre opinion sur la marche que le gouvernement pourrait suivre et les dispositions qu'il pourrait adopter pour fixer prochainement ses idées, ses vues à l'égard d'Alger, et au sujet de l'organisation et de l'administration provisoires qu'il faut adopter pour cet établissement, nous croirions devoir proposer les deux mesures suivantes :

I. La nomination d'une Commission, composée ainsi qu'il suit :

1° De deux officiers généraux ayant été à Alger, si cela se peut;

2° De deux membres de l'ordre judiciaire, versés dans l'organisation de la justice;

3° De deux administrateurs versés dans l'administration civile;

4° De deux fonctionnaires supérieurs des finances, connaissant parfaitement l'administration de toutes les branches de ce département.

Cette Commission serait présidée par le Ministre de la guerre.

Un secrétaire n'ayant point voix délibérative serait chargé de rédiger les procès-verbaux des séances.

Les membres de cette Commission seraient pris, de préférence, dans les deux Chambres et dans le Conseil d'État.

Elle aurait pour objet, après s'être entourée de toutes les lumières nécessaires, de *rédiger*, en forme d'ordonnance, *un Règlement d'administration publique pour la régence d'Alger.*

Il ne peut être question actuellement, comme on doit bien le penser, d'établir quelque chose de définitif à Alger; nous n'avons, à bien dire, d'action administrative directe à exercer aujourd'hui que sur la population de trois villes. Lorsque la colonisation aura, par son développement, formé une population rurale hors de ces villes et couvert une partie du territoire algérien, lorsque nos relations se seront consolidées et établies sur un pied convenable avec les tribus les plus rapprochées, et qu'enfin nous aurons dû occuper, d'une manière permanente, quelques villes ou villages de l'intérieur, alors, sans doute, des vues nouvelles naîtront de cet ensemble de choses, et l'on pourra descendre à quelques dispositions moins générales et adopter quelque chose de moins provisoire. La différence que présente l'état et la situation de cet établissement avec les pays conquis sous l'Empereur qui, tous, avaient une population toute *faite*, qui offraient un territoire plus ou moins étendu, sur lequel on avait une action directe, empêche une assimilation exacte et qu'on puisse adopter pour Alger, ainsi que le propose M. le Maréchal Clausel, à la marche suivie avec succès, par l'Empereur, pour organiser une bonne administration dans les pays conquis.

Il est important que le nouveau Gouverneur général soit nommé et prenne le plûtôt possible la haute direction de cet établissement. Il faut qu'il ait, à son début, pour éviter les hésitations, les tatonnemens, et tout pas retrogade, une règle générale de conduite, une boussole à suivre pour l'ensemble de sa marche, et que le gouvernement, lui-même, puisse s'appuyer sur des dispositions positives pour retenir ce haut fonctionnaire dans la ligne de ses devoirs, s'il venait à s'en écarter.

La commission dont il s'agit aura d'abord à examiner l'état politique qu'il convient de donner à la régence d'Alger; car il est évident qu'on ne peut sous aucun rapport ni actuel, ni futur, l'assimiler à nos colonies, et qu'il y aurait inconvenance et danger à le faire. Dès lors cette régence ne peut être considérée que comme une *annexe de territoire*, avec les modifications législatives que comporte sa situation outre mer et l'état des personnes qui peuplent ou peupleront ce pays. Nous n'hésitons pas à affirmer que la *déclaration de cette annexe*, dans le règlement d'administration publique dont nous venons de parler, si des considérations de politique extérieure n'empêche pas de la faire sur le champ, aurait sur le prompt développement et la prospérité de cet établissement une immense influence.

Il faut, pour diriger un établissement comme celui qui nous occupe, de l'*unité* et de *la force dans le commandement*, par conséquent un gouverneur général militaire, réunissant toutes les attributions, ayant dès-lors des pouvoirs très étendus et une grande latitude discrétionnaire. En déterminant ainsi la nature du gouvernement de la régence, la Commission arrivera, sans doute, à reconnaître la nécessité, 1° d'établir un *Conseil supérieur de la colonie*, servant en même temps de conseil au gouverneur et de contrepoids à son autorité presque absolue, mais avec des formes qui, sans gêner en aucune façon la plénitude de l'exercice de son pouvoir, donnent à ce Conseil la possibilité de mettre le gouverneur en demeure en déterminant l'ouverture, dans le moment voulu, de la responsabilité individuelle de ses actes; 2° de réserver à la sanction du gouvernement, et avant tout commencement d'exécution, tous les arrêtés ou règlemens importans dont il paraîtrait nécessaire à la Commission de lui conserver l'examen préalable.

Nous pensons que ce Conseil supérieur devrait être composé ainsi qu'il suit, pour offrir toutes les garanties indispensables :

1° D'un magistrat d'un rang assez élevé, mûr et expérimenté;

2° D'un membre pris parmi les fonctionnaires supérieurs de l'ordre civil;

3° D'un membre pris parmi les fonctionnaires supérieurs de l'administration des finances;

4° Du chef d'état-major général, avec voix consultative seulement, pour conserver les traditions, et faisant les fonctions de secrétaire du Conseil.

Ces membres auraient un suppléant désigné par le Règlement, pour les cas d'urgence, et qui pourrait être, pour chacun d'eux, le premier fonctionnaire de l'établissemement correspondant à sa spécialité. Les trois premiers membres ne pourraient exercer aucun autre emploi.

Ce Conseil serait tenu de délibérer sur toutes les mesures importantes. Le règlement d'administration publique fixerait ses attributions les plus générales. Les procès-verbaux détaillés de ses séances seraient signés par chaque membre individuellement, et tenus en double expédition, dont l'une serait envoyée chaque année au Ministre de la guerre.

Tous les projets d'arrêtés, de règlemens réservés à la sanction du gouvernement, devraient toujours être accompagnés d'un exposé très-circonstancié des motifs, et présenter à l'appui tous les faits qui peuvent en justifier la nécessité ainsi que la copie, signée par chaque membre, de la délibération du Conseil supérieur.

Le Conseil recueillerait toutes les données nécessaires, réunirait tous les élémens et préparerait tous les projets de l'organisation future judiciaire, civile, financière et militaire de la colonie. Après l'étude de ces projets, le gouvernement enverrait sur les lieux des Commissaires extraordinaires, comme faisait l'Empereur, pour organiser définitivement ces diverses branches du service public lorsque le temps serait venu de le faire.

Un Conseil supérieur existe aujourd'hui près du gouverneur d'Alger, mais tout le monde sait qu'une même institution, suivant qu'elle est organisée d'une certaine manière, répond ou ne répond pas aux vues qui l'ont fait instituer. Le Conseil actuel, composé d'un trop grand nombre de membres, tous dépendans du gouverneur, et auquel on peut adjoindre tous les chefs de services de la colonie, est peu propre, pour ne pas dire plus, à remplir l'objet de sa destination.

Le règlement d'administration publique, que nous demandons, poserait les principes, déterminerait les règles principales à observer, fixerait l'état politique des personnes diverses et le mode de la justice à leur rendre. Il déterminerait également la nature des autorités à établir ou à reconnaître pour les peuples indigènes et les chefs de service nécessaires pour la colonie ; les rapports des autorités entr'elles et, surtout, les rapports administratifs et commerciaux entre la régence et la métropole, et entre la régence les puissances étrangères et les tribus indigènes.

II. La seconde des mesures générales que nous pensons que l'autorité devrait prendre, sans délai, c'est d'organiser convenablement le centre d'action destiné à connaître, à suivre toutes les affaires relatives à Alger et sa colonisation.

Ce centre d'action placé au ministère de la guerre sous le titre de *Bureau* ou *Division d'Alger*, s'il n'est point réservé par le Ministre pour un travail direct avec le chef de ce bureau, doit rentrer dans les attributions du Directeur chargé du mouvement des troupes, et cela par les mêmes motifs qui ont fait placer Alger dans les attributions du ministre de la guerre. Nous pensons que le bien du service demande qu'il réunisse toutes les attributions et corresponde, sous ce rapport, avec la réunion des attributions du gouvernement d'Alger. Nous pensons que toute division d'attribution ne peut qu'être funeste, car toutes les parties de l'administration, dans un établissement naissant, comme celui qui nous occupe, se pénètrent tellement les unes les autres, sont dans une dépendance si étroite, et l'unité est si nécessaire pour une semblable direction, qu'il nous paraît impossible que la partie administrative, par exemple, ne soit pas réunie à la direction militaire qui domine forcément presque toutes les questions. L'accord de toutes ces branches ne peut donc provenir que de la réunion de toutes les attributions dans un seul bureau, lequel aura à s'entendre avec tous les départemens ministériels et toutes les directions du ministère de la guerre.

Ce bureau doit être composé, quant à son personnel, de manière à répondre aux exigences si variées du service, et surtout de manière à remédier, autant que possible, à la réunion, peut-être un peu inconstitutionnelle, mais inévitable, de toutes les attributions sous la responsabilité d'un même ministre. L'organisation de ce bureau doit offrir, en effet, au moins toutes les garanties qu'une situation aussi exceptionnelle semble commander, et c'est une nécessité à laquelle on doit se soumettre malgré le surcroit forcé de dépense qu'entraînera la nature de son personnel, qui, selon nous, doit être composé ainsi qu'il suit pour répondre à toutes les nécessités, et offrir à chaque nature d'attribution les garanties désirables.

1° Un colonel d'état-major, chef.

2° Un employé de l'ordre judiciaire pour traiter tout ce qui est du ressort de la justice civile ou criminelle.

3° Un employé de l'ordre civil pour connaître de toutes les affaires de l'administration civile.

4° Un employé de l'administration des finances pour tout ce qui concerne les affaires de cette nature.

5° Un officier d'état-major pour la partie militaire.

Nous pensons que pour peu qu'on réfléchisse à l'importance de l'établissement d'Alger, à la situation toute exceptionnelle de cet établissement, à la quantité d'affaires délicates et nouvelles qui ressortiront de ce bureau ou division, dont le personnel du reste ne doit pas être très nombreux, mais qui doit réunir des spécialités diverses, on reconnaîtra la nécessité d'une semblable organisation.

De l'établissement de ce centre d'action, de sa bonne organisation pour ses rapports avec tous les autres départemens ministériels, et surtout du choix de son personnel, dépendront pour beaucoup les succès des efforts, soit du gouvernement lui-même, soit du gouverneur de l'établissement. Personne n'ignore, en effet, que le ministre ne peut tout voir, tout examiner, tout entendre, qu'il faut qu'il soit secondé, aidé pour les détails par des collaborateurs dévoués et capables; personne n'ignore, d'un autre côté, l'embarras que doit éprouver le chef d'un établissement comme celui d'Alger, à une si grande distance et dans tant de cas nouveaux qui peuvent se présenter, si les bureaux ne mettent pas de l'activité et de l'intelligence à préparer et soumettre au ministre la solution de toutes les affaires.

MÉMOIRE

SUR

LA COLONISATION DE LA RÉGENCE D'ALGER.

I.

Principes qui semblent devoir diriger le gouvernement à l'égard d'Alger et de sa colonisation. Doit-il coloniser par lui-même ou laisser ce soin aux intérêts privés?

Nous devons d'abord admettre, non-seulement que la possession d'Alger ne peut être mise en question et que le gouvernement est dans la ferme résolution de conserver à la France cette importante conquête, mais encore qu'il a la volonté d'en tirer le parti le plus avantageux.

Sans doute les hommes éclairés et qui sont les plus rapprochés du pouvoir ne conçoivent aucun doute à cet égard; ils savent d'ailleurs que l'autorité législative seule pourrait disposer d'Alger; mais comme les assertions nombreuses et répétées qui ont été émises par la presse, ou par les tribunes parlementaires de divers pays, n'ont point été démenties d'une manière nette et précise (1); comme, jusqu'à présent, on n'a cru voir dans la conduite du gouvernement, qu'une série d'actes plus ou moins propres à satisfaire à des exigences du moment, plutôt qu'à fonder l'avenir de cette colonie, l'opinion a conçu des craintes sérieuses sur la destinée future d'Alger, craintes qu'il est important de faire cesser, soit par des déclarations formelles, ou mieux encore par des actes qui démontrent d'une manière non équivoque la pensée du gouvernement. Fixer l'*état politique d'Alger* nous paraît être l'acte le plus propre, sous ce rapport, à satisfaire l'intérêt et l'amour-propre national.

Tant qu'il n'y aura pas sécurité et confiance à

(1) Ce petit travail a été rédigé il y a plusieurs mois sous l'empire de l'incertitude qu'avait fait naître le silence prolongé de l'autorité. Aujourd'hui le gouvernement a calmé, sans doute, les inquiétudes que l'on avait pu concevoir, par la déclaration de M. le président du Conseil à la Chambre des députés, *séance du* 18 *juin*. Cependant, quand on lit la réponse de lord Grey au discours de lord Aberdeen, on voit que le gouvernement anglais se dit *en négociation avec la France au sujet d'Alger;* il y a donc des prétentions contestées d'un côté ou de l'autre. La déclaration du gouvernement qu'*Alger est une annexe de notre territoire*, mettrait fin à cette négociation. Quelques journaux de Londres pourraient peut-être déclamer violemment à ce sujet, mais au bout de huit jours on n'en parlerait plus.

ce sujet on ne verra arriver à Alger que des hommes aventureux, de malheureux ouvriers sans travail, des vagabonds, des individus, en un mot, dont les uns seront bientôt ruinés et discréditeront la colonie, et dont les autres, n'ayant rien à perdre, peuvent tout risquer ; dont les plus honnêtes seront à charge au pays, tandis que les autres y porteront le trouble.

Si, au contraire, l'opinion éminemment ombrageuse et craintive des capitalistes et des spéculateurs est fixée dans un sens favorable, si la marche adoptée par le gouvernement inspire la confiance, on verra des gens d'affaires, des hommes prudens, intelligens et capables, porter à Alger leur industrie et leurs capitaux, et y fonder des établissemens fructueux et durables; on verra des compagnies se former dans le même dessein, et les véritables colons, les travailleurs, arriver en foule de toutes les rives de la Méditerranée, assurés d'y trouver, dès leur début, un utile emploi de leur temps, et par la suite un sort avantageux. Alors l'action éclairée, protectrice, prévoyante du gouvernement étant ainsi puissamment secondée par les intérêts privés, seul moyen efficace de fonder une colonie prospère, le problème sera résolu au plus grand avantage de la métropole et de la colonie.

Il faut bien, en effet, se pénétrer de cette vérité, que le gouvernement ne peut pas fonder un établissement de cette nature; il dépenserait des millions, il ferait des efforts inouïs, qu'il ne réussirait à rien de grand et de durable en ce genre. Si l'expérience des autres pouvait nous servir, si les fautes de nos devanciers pouvaient être des leçons pour nous, oublierait-on si vite ces trop célèbres entreprises de colonisation, faites sur une grande échelle à la Guiane et à la Louisiane sous le duc de Choiseul, et plus en petit, dans ces derniers temps, les tentatives de ce genre à la Mana et à Sainte-Marie de Madagascar? Il ne reste de ces malheureuses expéditions que le souvenir des misères, du désespoir, de la mort de tant de victimes de notre légèreté, et des sacrifices que ces tentatives ont imposées à la France. Combien ne doit-on pas craindre, d'après ces exemples, quand on entend parler de projet de colonisation par le gouvernement, de fondation de villages et de fermes-modèles dans les environs d'Alger!

Si quelque chose est prouvé, c'est que le gouvernement fait tout plus chèrement, et souvent moins bien, que les particuliers. Cette observation est surtout incontestable pour des établissemens de culture, dont le but doit être le *rapport;* car, pour les établissemens conçus dans un but de perfectionnement, d'instruction générale, d'intérêt public, en un mot, l'État peut seul ordinairement les fonder et les soutenir. Le plus souvent, après un succès éphémère acheté fort cher, les établissemens agricoles qu'il fonde tombent et lui imposent des charges considérables. C'est l'histoire de toutes les tentatives de fermes-modèles élevées par le gouvernement, soit en France, soit dans les colonies.

Quel intérêt pourrait, d'ailleurs, porter le gouvernement à fonder par lui-même des établissemens de culture? Voudrait-il se faire spéculateur? La prétention ne peut se supposer, tant elle serait extraordinaire. Croirait-il que, pour le succès de la colonisation, pour attirer des colons, il faut qu'il donne l'exemple et montre ce qu'on peut attendre du sol africain? Ce serait une étrange erreur; car, d'une part, les colons savent très bien, comme tout le monde, qu'avec beaucoup d'argent et des efforts considérables on peut obtenir un résultat donné; mais que cet exemple n'est d'aucune application pour les entreprises ordinaires. Or, l'on suppose toujours que le gouvernement procède ainsi dans ce qu'il entreprend. D'autre part l'expérience de tous les temps prouve que l'industrie particulière n'a pas besoin de ce véhicule, et sait très bien s'emparer de toutes les voies qui mènent à la fortune dès qu'il y a espoir et sécurité pour le succès.

Nous concevons cependant très bien qu'il y ait

des intrigans qui cherchent à persuader au gouvernément qu'il faut qu'il dépense de l'argent, et beaucoup d'argent à Alger, dans des projets de ce genre, parce qu'ils ont l'espoir de s'enrichir à ses dépens; mais nous sommes certains, qu'éclairé par l'expérience de tous les temps, le gouvernement ne donnera point dans ces intrigues, et n'adoptera pas, légèrement, des projets si hasardeux et si peu réfléchis.

Nous l'avons déjà dit : que le gouvernement s'en rapporte, du soin de coloniser, à l'intérêt privé, éveillé par toutes les chances de profit que lui présente le sol le plus riche et le plus fertile, propre à toutes les cultures des zones tempérées et à la plupart de celles des pays équatoriaux, le plus à la proximité de la mère-patrie, et où tout est à faire. Protection, sécurité pour le présent et l'avenir, voilà tout ce que l'intérêt privé demande au gouvernement pour coloniser Alger et pour fonder en peu d'années sa prospérité. Or, voilà aussi tout ce que raisonnablement le gouvernement peut désirer, et c'est la marche qu'il doit préférer, car l'expérience est là pour lui montrer que toute autre voie est onéreuse et sans résultat (1).

(1) Il résulte, des explications données par M. le président du Conseil à la Chambre des députés, que le ministère a bien

Les seules choses que le gouvernement puisse et doive faire, c'est d'abord d'adopter un plan général de conduite, de direction et de surveillance sagement conçu, c'est-à-dire d'arrêter les principes, les règles qu'il convient de suivre pour assurer la formation, le développement et la prospérité de la colonie; puis de protéger tous les intérêts, d'aider, s'il le faut, dans quelques occasions, et d'assurer l'avenir en faisant tout ce qui est nécessaire pour donner aux colons une sécurité, une confiance pleines et entières. Le reste se fera tout seul.

Nous devons naturellement supposer que le gouvernement est aujourd'hui parfaitement fixé sur les moyens de garantir de toute invasion les éta-

saisi les enseignemens de l'histoire, qui présente des résultats opposés, suivant que les colonies ont été, ou essayées par des gouvernemens qui employaient directement tous leurs moyens d'action, ou entreprises par l'intérêt privé qui, marchant sous l'inspiration d'une sagacité presque infaillible, et se soumettant aux conseils de l'économie la plus austère, déployait l'immense variété de combinaisons qui lui appartient. *Presque toujours l'œuvre des gouvernemens s'est trouvée dispendieusement stérile, tandis que l'intérêt privé a obtenu d'immenses succès.* C'est en 1620 qu'il a commencé ces belles colonies qui s'offrent aujourd'hui à l'admiration du monde sous le nom d'États-Unis de l'Amérique septentrionale. (M. de Fréville, *Rapport à la Chambre des pairs, sur le Budjet des dépenses pour l'exercice* 1834, Moniteur du 22 juin.)

blissemens de culture que l'on pourrait former, au moins dans un certain rayon autour d'Alger; qu'en un mot, il a *un territoire libre et sûr* pour établir la colonie projetée. L'examen qu'il a dû provoquer sur les lieux de cette importante question, à la vue des localités et en tenant compte de la nature des dangers que l'on peut courir, l'a mis, sans doute, à même d'adopter un système de protection complétement efficace et rassurant sous ce point de vue; système auquel, quel qu'il soit, devront être subordonnés tous les projets d'établissemens de culture du territoire algérien.

Sécurité et confiance quant aux intentions du gouvernement à l'égard de sa conquête, sécurité et confiance quant au système de protection qu'il doit assurer aux établissemens qui peuvent se former : voilà donc les deux bases principales de l'avenir de la colonie que nous devons supposer établies sur des fondemens solides.

Le choix des hommes appelés à remplir tous les emplois publics est aussi un des points les plus importans et dont le gouvernement a seul la responsabilité. L'on ne doit point se dissimuler que les suites de l'erreur dans l'exercice de cette importante attribution, pour un établissement comme celui qui nous occupe surtout, sont incalculables, et que la seule fréquence du changement de ces fonctionnaires est une cause puissante d'impossibilité matérielle pour faire le bien.

L'adoption d'un système général d'administration, quant à ce qui concerne la colonie projetée, nécessite un examen attentif et réfléchi de la situation morale et politique du pays, de son état physique, et une étude approfondie des rapports, des préjugés, des habitudes, des mœurs, des usages des peuples indigènes, afin de déterminer les principes, les règles qui doivent guider les efforts du gouvernement.

Une fois ces bases admises, il faut en suivre avec persévérance les conséquences et les développemens; rien n'étant plus funeste, rien ne compromettant davantage l'avenir comme un mauvais début, lequel laisse toujours des impressions ineffaçables, et cause un mal réel, long et difficile à réparer; rien n'étant plus fâcheux que l'hésitation, le tâtonnement pour tout ce qui tient à l'ordre et à la justice, ainsi que les variations dans les principes de conduite et de direction pour un établissement naissant.

Si ces observations sont vraies à l'égard des peuples de la vieille Europe, déjà plus ou moins habitués à l'oubli trop fréquent de ces principes, combien ne sont-elles pas plus fondées encore lorsqu'il s'agit de peuples restés dans un état de demi-civilisation, état qui exige une plus grande rigueur dans toutes les idées d'ordre, de justice et de fixité!

C'est sous l'influence de la fixité des principes et de la sagesse des règles adoptées par le gouvernement anglais, que les intérêts privés ont assuré la prospérité des colonies anglaises. Là de riches compagnies ont presque tout fait, et c'est sous leur tutelle, sous leur direction, que chaque jour des hommes intelligens, des capitalistes habiles vont y augmenter leur fortune ou celle de la colonie.

S'il est incontestable que l'on tomberait dans une étrange erreur de jugement en prétendant tout conduire, tout diriger du sein même de la métropole, dans une colonie naissante; s'il est, au contraire, également certain qu'il faut laisser au chef supérieur de l'établissement une latitude discrétionnaire très étendue, lui seul, par sa position, par l'étude de tous les instans qu'il doit faire de tous les élémens de succès ou de revers, étant à même de décider sur la plupart des difficultés qui se présenteront, on doit reconnaître aussi la nécessité d'établir dans la métropole un centre spécial d'action et de surveillance convenablement organisé pour conserver les traditions, donner l'impulsion nécessaire, maintenir l'équilibre entre tous les pouvoirs, juger les différens qui peuvent s'élever entre eux, solliciter et assurer le concours de tous les départemens ministériels, quand cela est nécessaire, et enfin pour assurer tous les services de la colonie. Il faut qu'à la tête de ce centre d'action soit placé l'homme le plus capable d'embrasser toutes les parties de l'administration qui lui est confiée. Il serait désirable que ce fonctionnaire reçût directement, et sans intermédiaire, la pensée du ministre; l'utilité de ce rapport direct étant généralement reconnue lorsqu'il s'agit de fonder ou de diriger une institution nouvelle et importante. Devant penser pour le ministre, préparer pour lui la meilleure exécution de toutes les mesures reconnues nécessaires, lui soumettre toutes les vues, tous les projets utiles, et qui peuvent préparer l'avenir de l'établissement, n'ayant que cette affaire à conduire, ce fonctionnaire doit, en s'en occupant exclusivement, suppléer à l'impossibilité où est le ministre d'accorder à toutes les affaires de son département l'attention et le temps nécessaires.

C'est encore en Angleterre où l'on voit, à cet égard, l'application des règles les plus sages. L'amirauté, qui éclaire par ses recherches et ses travaux toutes les parties du service public qui ont besoin des lumières de la science, et le département des colonies, offrent un personnel composé des hommes les plus distingués; on n'y place personne au hasard, et le gouvernement y appelle de lui-même les hommes les plus capables. Ces hommes sont chargés de maintenir et de mettre en pratique les principes et les règles que la sagesse et l'intérêt le mieux entendu ont fait admettre; de suivre avec persévérance, sans jamais les perdre de vue, ces plans d'envahissement, de conquêtes ou de prise de possession, qui ont successivement donné aux Anglais, dans le vaste empire des mers, les positions les plus favorables pour protéger tous leurs intérêts politiques et commerciaux.

Ce n'est point injustement que la France a acquis cette triste réputation de ne savoir tirer aucun parti de ses colonies. En effet, qu'avons-nous su faire du Canada et de la Louisiane? Que l'on considère ce que le premier de ces pays est devenu entre les mains des Anglais, et le second depuis qu'il fait partie de la confédération des États-Unis. Pendant quatre-vingt-dix à cent ans que nous avons possédé la Nouvelle-Orléans, à peine sa population a-t-elle pu s'élever à 8 à 10,000 âmes : aujourd'hui cette population est de 50 à 60,000 âmes. Quel parti tirons-nous de la Guiane et du Sénégal? Ces colonies nous sont onéreuses malgré toutes les ressources qu'elles offrent pour acquérir une grande prospérité, et pour devenir d'un grand intérêt pour la France, surtout la Guiane. Et qui n'a pas été frappé de la différence de prospérité et d'avantages pour la métropole entre la Guiane française et la Guiane hollandaise?

Comment nos colonies pourraient-elles prospérer quand le gouvernement les connaissait si peu il y a quelques années, qu'il ne possédait sur aucune d'entre elles les faits, même les plus importans, qui seuls peuvent fournir les bases de toutes les décisions administratives qui les concernent? Membre d'une commission nommée près du ministère de la marine pour aviser au moyen d'obtenir ces faits, les recueillir, les examiner à mesure qu'on les obtiendrait, j'ai pu me convaincre du dénûment qui existait alors, et qui existe, peut-être, encore en partie aujourd'hui, parce que cette commission s'est dissoute, et qu'il n'existe point au ministère de la marine un bureau chargé spécialement de ces sortes de recherches.

Comment nos colonies pourraient-elles prospérer quand, malgré les dix-huit années de paix qui viennent de s'écouler, le gouvernement n'a pu presque rien faire encore pour fixer ses idées, sa marche, et éclairer l'opinion publique sur le système colonial qui convient le mieux sous le rapport de l'humanité, de la justice, de la politique et des intérêts commerciaux et maritimes de la France?

On en est encore aujourd'hui à des discussions

stériles, qui ne reposent sur presque aucun fait constaté, entre des adversaires dont les uns, malgré la haute position où plusieurs sont placés, ignorent les lois de l'économie publique applicables aux colonies, et n'ont rien lu de ce qui a si fort avancé cette science depuis vingt ans; et dont les autres, n'écoutant que leurs intérêts du moment, sont toujours prêts à leur sacrifier ceux de l'État.

Comment nos colonies pourraient-elles prospérer lorsque, pendant long-temps, le pouvoir a tellement méconnu l'importance de la spécialité de talens, de capacité et d'expérience nécessaires pour bien administrer une colonie, que l'on a vu sous la restauration se succéder dans le gouvernement de nos établissemens coloniaux très-souvent les hommes les plus incapables et les moins propres à ce genre de fonctions? Les conditions de capacité sont la chose à laquelle on semble avoir le moins pensé alors, et il paraîtrait, lorsque l'on examine ces choix, qu'on n'a eu pour but, assez généralement, que de satisfaire à des exigences individuelles ou de coteries.

J'ai voulu montrer les causes primordiales des non-succès ou des revers par rapport à nos colonies en général, persuadé, comme je le suis, que si on eût respecté les principes, les règles de la raison en ces matières, tout ce qui tient aux vices de l'administration intérieure de nos colonies et aux mauvaises bases de nos rapports politiques et commerciaux avec elles eût été promptement corrigé. Ce sont ces fautes qu'il faut éviter dorénavant pour Alger, et dont malheureusement on n'a pas su se défendre jusqu'à présent. Si l'on veut réellement utiliser cette importante conquête, il faut, le plus tôt possible, entrer dans une meilleure voie, réparer le mal qui a été fait, et revenir aux bases, aux principes que j'ai rappelés. Tout retard augmenterait singulièrement les obstacles de tous les genres qui peuvent s'opposer aux vues du gouvernement.

Si l'on s'obstinait à aller à l'aventure, sans règles, sans principes, sans rentrer dans les conditions que j'ai indiquées, il serait inutile de chercher à tirer parti de cette colonie; il vaudrait mieux l'abandonner, on gagnerait à cet abandon les sacrifices que l'on fera en pure perte en poursuivant une chimère, celle de fonder un établissement de ce genre sans avoir auparavant, et préalablement à toute tentative d'exécution, adopté un système rationnel de conduite et de direction, sans en confier l'administration aux hommes les plus capables, sans organiser à Paris un centre d'action et de surveillance qui remplisse les conditions voulues, et enfin sans se pénétrer de cette vérité, que le rôle du gouvernement n'est pas de fonder cet établissement par lui-même, mais bien d'inspirer une telle confiance, que les intérêts privés se chargent de faire ce qu'il ne pourrait jamais exécuter.

Après ces réflexions générales, dont nous osons espérer que l'opportunité ne sera pas contestée, nous allons essayer de répondre aux questions particulières qui nous sont proposées.

II.

Quels sont les moyens à employer pour utiliser les colons que l'on envoie à Alger? Le gouvernement doit-il y en envoyer? — Colonie pénitentiaire; des propriétaires actuels du sol; des terrains appartenant au gouvernement, et de ce qu'il doit en faire pour aider à la colonisation; des indigènes, des Européens comme colons en Afrique; de la population agricole de la colonie en général.

Depuis la conquête on a vu expédier pour Alger un nombre assez considérable d'hommes, tantôt par les soins et sous l'autorité du ministre de l'intérieur ou du ministre de la guerre, tantôt sous la simple inspiration du préfet de police de Paris! et toujours, à ce qu'il paraît, sans que les dispositions convenables pour les recevoir et pour les utiliser eussent été prises; en sorte qu'arrivés à Alger on n'a su qu'en faire, et que la plupart sont morts de misère ou s'en sont éloignés comme ils ont pu.

Il est évident que ce qui devait être le premier objet de la sollicitude du gouvernement, après la conquête, n'a occupé personne, ou que rien de parfaitement convenable n'a été proposé à ce sujet, nous voulons dire un travail propre à fixer l'opinion du gouvernement sur ce qu'on pouvait faire d'Alger et le genre d'avantages que ce pays pouvait offrir à la France, et dès lors d'adopter, en conséquence de l'opinion qu'on se serait formée, le meilleur système à suivre pour réaliser les vues, les projets auxquels on se serait arrêté.

Si ce travail eût été fait, et bien fait, il va sans dire que l'on n'aurait pas aujourd'hui à examiner la question qui nous occupe, et cependant, comment concevoir que depuis quatre ans on marche, on expédie des colons, on prenne des décisions, on fasse des dépenses, sans s'être tracé ce *plan de conduite* qui devait précéder tout mouvement, toute décision, tout emploi de fonds?...

D'après les principes que nous avons posés, *que le gouvernement ne peut, ne doit point fonder par lui-même un établissement colonial; qu'il ne doit entreprendre, à ses risques et périls, aucune exploitation de culture, et que par conséquent il ne doit point avoir de bras à utiliser*, on conçoit que nous ne voyons pas une grande nécessité à s'occuper de la question qui nous est proposée. En effet, en l'examinant sous toutes ses faces, on verra mieux encore combien elle doit rester étrangère à la sollicitude du gouvernement, du moins *quant à son intérêt immédiat d'application.*

Sans doute on ne peut pas dire d'une manière absolue que le gouvernement n'a aucun travail à faire exécuter, et aucun bras à employer. Nous reconnaissons qu'il est des travaux d'intérêt public que le gouvernement peut seul faire faire. Les uns demandent l'emploi d'ouvriers de divers genres, tels que les bâtimens civils et militaires, des ponts, des ouvrages d'art, etc., à faire construire. Ces travaux doivent être l'objet de la concurrence ordinaire entre les ouvriers du pays, ou entre des ouvriers étrangers, plus habiles, à faire venir au besoin. Ce genre de travaux sortant de la question de colonisation proprement dite, nous n'avons point à nous en occuper ici. Mais il est des ouvrages d'une autre nature tels que les routes, les canaux, les dessèchemens, les travaux de terrassemens, etc., qui peuvent employer beaucoup de bras d'une manière aussi avantageuse sous le rapport hygiénique, pour les hommes qu'on y utilisera, qu'elle sera profitable à leur bien-être: nous pensons qu'on doit se servir exclusivement des troupes pour ce genre de travaux, et nous parlerons sous peu de la convenance et des autres avantages que présente cette appropriation.

L'on peut cependant concevoir un autre genre d'intérêt qui demanderait que la question qui nous occupe fût résolue pour le seul usage du gouvernement, c'est celui du parti qu'on peut tirer d'Alger pour y établir un *pénitentiaire*, une colonie de malfaiteurs qui, par la nature de leurs délits, par leurs antécédens, avant et après le crime, pourront donner l'espérance de les ramener à un autre genre de vie, tant par l'habitude du travail que par l'espoir de la liberté et l'attrait de la propriété dont les avantages leur seraient assurés une fois qu'ils auraient mérité l'une et l'autre.

On comprend, en effet, qu'une réunion plus ou moins considérable d'hommes qu'il faudrait constamment surveiller, et par cela même renfermer dans de certaines limites, doit supposer un *plan de travail*, et qu'à leur sujet on puisse s'occuper à résoudre cette question.

Cet objet mérite au plus haut point l'attention du gouvernement, et nous n'hésitons pas à croire que ce serait un service éminent rendu à la société que d'établir, après un mûr examen de toutes les parties du projet auquel cette idée donnerait lieu, la colonie pénitentiaire dont il s'agit. Mais alors, dans cette supposition, le plan de travail doit être précédé de l'examen d'une foule de questions qui tiennent à l'ensemble de cette création; ce plan doit se conformer aux dispositions qui seront adoptées dans ce dessein, et il demandera par conséquent un mémoire spécial.

Envisageons actuellement la question qui nous occupe sous un autre aspect, celui des terres à mettre en culture, et par conséquent des établissemens agricoles de diverse nature dont l'ensemble doit constituer la colonisation projetée. Ce point de vue paraît être celui auquel se rapporte directement cette même question, et par conséquent nous nous plaçons sur le véritable terrain où l'on a voulu nous appeler. Nous pourrions d'abord répéter ici ce que nous avons déjà dit, qu'avant de s'occuper des colons il faut s'assurer un *territoire* à coloniser. Nous sommes donc convenu de supposer que le gouvernement est en mesure de garantir de toute invasion, de toute occupation par l'ennemi, un territoire suffisamment étendu autour d'Alger et même qu'il peut tenir l'ennemi assez en respect, assez éloigné pour que des craintes trop vives et trop répétées n'empêchent pas les établissemens coloniaux de se former.

Nous nous tenons exprès ici dans l'énoncé très général de cette condition importante, le système de protection et de défense à adopter pour rendre la colonisation possible devant être l'objet d'un travail spécial, réfléchi et détaillé; nous exposerons seulement nos vues à cet égard en laissant à l'expérience des hommes appelés à diriger la colonie le soin d'en modifier les applications si on reconnaît la justesse de nos aperçus.

Ce plan bien conçu et bien exécuté rendra possibles les premières entreprises de colonisation :

mais cela ne suffirait pas; il faut assurer les développemens et la prospérité de la colonie. Ces importans résultats dépendent d'un autre ordre de condition, du système d'administration qui sera suivi pour Alger et pour les établissemens coloniaux. Tout, à cet égard, dépendra des principes qui serviront de base à ce système. Soyons en garde contre l'abus du pouvoir militaire; défendons-nous contre l'esprit de centralisation et de fiscalité; adoptons des vues larges et généreuses; laissons beaucoup de force, beaucoup de latitude au pouvoir gouvernemental de la colonie, mais laissons aussi beaucoup de liberté aux colons. De l'heureuse combinaison de ces principes et de leur harmonie doit naître le système le plus propre à procurer les résultats désirés.

Nous éviterons d'entrer au sujet du droit de propriété des terrains des environs d'Alger et qui forment le territoire de la colonisation projetée, dans des détails qui ne font rien à l'objet que nous avons à traiter. Il nous suffit d'admettre que le territoire est possédé soit par des particuliers, soit par le gouvernement actuel, tenant lieu et place de l'ancien (1).

(1) La question de propriété des terrains des environs d'Alger a une très grande importance, et nous ne nous dissimulons point les graves obstacles, les difficultés auxquelles elle peut donner lieu pour la colonisation qui nous occupe.

Quant aux propriétés particulières des habitans du pays, ou ces habitans continueront à les exploiter par eux-mêmes, ou ils les vendront à des colons. Dans le premier cas ils auront intérêt à se soumettre au plan général adopté par la colonisation, dans le second cas leurs acquéreurs s'y soumettront à leur place; nous n'avons donc à nous occuper que des terrains qui pourraient appartenir au gouvernement et qui forment, à ce qu'il paraît, n'importe à quel titre, une partie considérable du territoire algérien.

Si le principe sur lequel nous sommes revenu plusieurs fois est admis, savoir, *que le gouvernement ne doit faire par lui-même aucune entreprise de colonisation*, on doit aussi reconnaître qu'il doit laisser à l'intérêt privé le soin d'utiliser les terrains qu'il possède.

Mais alors comment utiliser les terres que possède le gouvernement? Quelle doit être sa conduite vis-à-vis des colons comme propriétaire du territoire qu'il s'agit de coloniser? ou, en d'autres termes, comment rendre la colonisation possible sans que le gouvernement abandonne, presque sans dédommagement, son droit de propriété?

Nous voici arrivé à la véritable question, à la seule qui ait une valeur réelle, et de la bonne solution de laquelle doit dépendre le succès de la colonisation.

Cette solution est simple et facile; elle dépend de cette observation très générale, de cette loi d'économie publique, que c'est la richesse et la prospérité des individus qui constitue la véritable richesse et la prospérité de l'État. Ainsi le gouvernement doit reconnaître que c'est dans le meilleur et le plus fructueux emploi du territoire qui lui appartient, sans qu'il ait rien à mettre ni à risquer pour obtenir ce résultat, que réside pour lui son véritable bénéfice, et que plus ce résultat sera grand et prospère, plus le territoire qu'il veut utiliser lui rapportera.

Ainsi envisagé, le droit de propriété dont le gouvernement voudrait tirer parti devient pour lui un objet très secondaire, et il ne doit le considérer que comme un moyen puissant qu'il a à sa disposition pour obtenir, pour déterminer cette situation florissante, qui fera sa richesse et sa gloire.

L'exemple des États-Unis, où ces principes sont mis en pratique, et où personne ne disconviendra que leur application n'ait été couronnée d'un immense succès, est là pour donner à notre opinion tout le poids d'une grande autorité.

Il existe à Washington un *département des terres publiques :* c'est à ce département qu'on s'adresse pour obtenir le terrain nécessaire pour fonder un nouveau district, par exemple, c'est-à-dire une colonie agricole, et pour toutes les demandes analogues.

Un État de l'Union, des particuliers même, veulent-ils creuser un canal, ouvrir une nouvelle route, fonder une nouvelle ville, l'administration facilite ces entreprises, soit en vendant à un taux peu élevé, soit en concédant gratuitement, suivant les motifs d'intérêt public, les terres qui sont nécessaires pour leur exécution.

C'est ce qu'il faut faire à Alger lorsque, après un travail indispensable, on aura examiné sous un point de vue éclairé de haute prévoyance pour l'avenir comme dans l'intérêt du présent, les terrains qu'il peut convenir au gouvernement de conserver. Les autres doivent être vendus à bas prix, donnés à bail emphytéotique ou concédés gratuitement, selon l'intérêt que la localité ou la nature des établissemens à former peut présenter.

Mais, comme pour toutes les autres parties de l'administration publique, c'est d'un plan sagement conçu, de la bonne et consciencieuse application des règles adoptées, de la bonne exécution des mesures à prendre et du choix des personnes chargées de cette partie de l'administration que dépendra le succès de cette grande opération ainsi que la garantie que le gouvernement doit chercher contre les abus et les dommages considérables qui peuvent résulter de la mauvaise répartition de ces terrains ou de concessions faites uniquement à la faveur, sans titre et sans moyen pour les utiliser.

On a soulevé une question qui serait grave, si nous ne croyions pas, avec beaucoup de bons esprits, qu'elle est peu fondée; c'est celle de l'impossibilité de faire cultiver le territoire d'Alger par des Européens, et que les nègres seuls pourraient soutenir les travaux de colonisation. D'abord l'abolition de la traite ne permet pas de s'arrêter à cette idée, et nous pensons que le gouvernement ne tardera pas à faire disparaître les restes d'esclavage qui existent encore à Alger; mais ensuite nous avons la conviction que les Européens valent infiniment mieux, pour la culture de cette partie de l'Afrique, que les noirs, car ils y apporteront, sans comparaison, bien plus d'intelligence.

Nous considérons d'ailleurs tous les habitans des rives de la Méditerranée comme étant placés dans des conditions très analogues quant au climat et au régime de vie, et comme ayant à peu près les mêmes facultés physiques; dès lors, selon nous, les Espagnols, les Français du midi, les Italiens, peuvent, comme les Maures, cultiver le sol africain de la Barbarie. Nous pensons donc qu'au moyen d'habitudes et de règles hygiéniques sagement observées, les habitans du midi supporteront parfaitement la température d'Alger et les fatigues de la culture de son territoire.

L'exemple dont on s'autorise pour combattre cette opinion, savoir, les maladies et la mortalité qu'on a observées dans les troupes envoyées à Alger, ne prouve rien selon nous, parce que nous ne pensons pas qu'on les ait soumises au régime de vie convenable pour éviter ces maladies, et, par suite, cette mortalité considérable. Nous sommes persuadé, par exemple, que l'emploi des troupes à des travaux d'utilité publique, comme ceux que nous avons indiqués, en leur évitant le désœuvrement, en leur assurant un travail corporel régulier, et leur procurant une plus grande aisance, est un des plus grands moyens pour les préserver de ces calamités.

L'on a parlé aussi de la population maure, qui forme à peu près la moitié de la population totale des lieux habités, et qui seule est adonnée aux travaux agricoles. L'on a émis l'opinion qu'il serait peut-être possible de l'amener à s'entendre assez bien avec les Européens pour utiliser les terres de la colonie. Nous pensons qu'il ne faut, en aucune manière compter sur cette population, d'ailleurs insuffisante pour les besoins de la colonisation, et qu'il serait très difficile de plier aux travaux qu'elle exige; car la différence des religions suffit seule pour élever entre eux et nous des barrières insurmontables.

Il est donc indispensable qu'il s'établisse à Alger une population industrieuse, active, et qui ait, autant que possible, de bonnes habitudes morales pour opérer la colonisation de cette contrée. Nous pensons que ce résultat est facile à obtenir, et qu'on ne doit avoir aucune inquiétude à ce sujet, pourvu qu'on veuille bien abandonner ces idées, ces habitudes mêmes si peu réfléchies, de considérer une colonie comme un lieu propre à recevoir, par préférence, tous les mauvais sujets, tous les bandits, tous les scélérats, et qu'au contraire, à l'exception de la colonie pénitentiaire, on évite ce genre de déportation et toute émigration de cette nature. Dès que l'on aura inspiré une confiance et une sécurité réelles, dès que les spéculateurs et les colons seront assurés de pouvoir profiter des avantages qu'offre cette colonisation, ils s'y rendront en foule de tous les pays méridionaux de l'Europe, surtout de l'Espagne, de la France et de l'Italie. Des familles laborieuses d'Allemands s'y rendront aussi, comme ils vont dans les deux Amériques, et même par préférence; mais quant à eux, leur régime de vie devra se modifier en raison des circonstances de localités, sans quoi ils ne pourraient résister long-temps à la chaleur et aux fatigues.

Nous ne nous dissimulons point que la grande majorité des colons qui se porteront à Alger sera composée de simples laboureurs et d'ouvriers sans moyens pécuniaires. Ce sont eux qui seront les vrais travailleurs, à la solde, soit des entrepreneurs de cultures, soit du petit nombre de cultivateurs ayant quelques capitaux, qui deviendront propriétaires et qui exploiteront par eux-mêmes le sol qu'ils auront acquis. Il est certainement à désirer que cette dernière classe soit la plus nombreuse possible; car c'est elle qui constituera la meilleure, la plus utile partie de la population.

Peut-être quelque mesure sage et habile peut-elle aider à obtenir cet important résultat, qui peut si fort influer sur l'avenir de la colonie; mais nous avons cru devoir nous abstenir de rien indiquer à cet égard; car rien n'est plus délicat qu'une semblable matière, et que des mesures qui auraient pour objet d'attirer des hommes, des familles dans une colonie, de les enlever à leur patrie, sans que les résultats qu'on leur fait espérer soient positivement certains. Il vaut mieux laisser aller les choses à leur impulsion naturelle. Nous ne croyons pas pouvoir non plus indiquer aucune mesure tendant à favoriser le passage de la classe simplement ouvrière à celle des propriétaires cultivateurs; question importante et de prévoyance pour l'avenir; craignant d'être conduits à imposer de nouvelles charges à la propriété, et pensant qu'on doit attendre cet heureux résultat du mouvement progressif imprimé à toutes les sociétés humaines. En secondant, en assurant seulement, comme c'est un devoir pour le gouvernement de le faire, la marche morale, l'instruction, les principes de civilisation de l'association nouvelle, nous pensons qu'on obtiendra ce résultat, et que l'on évitera qu'il s'établisse ainsi, dans la colonie, une classe, en quelque sorte, d'esclaves, d'ilotes, de gens toujours à la merci des propriétaires.

D'après ce que nous venons d'exposer, le gouvernement n'a donc pas à s'occuper des moyens d'utiliser les colons. Il ne doit point y en envoyer; il doit, au contraire, éviter qu'on ne s'y porte trop, jusqu'à ce que le plan de colonisation, en ce qui le touche, soit bien arrêté. Alors son rôle se bornera *à protéger et à laisser faire*; les intérêts privés feront les frais de la colonisation, et ce sera à eux à utiliser les bras qui se présenteront comme ils l'entendront, et sans que le gouvernement ait à s'en mêler.

III.

Du système de protection et de défense à adopter pour rendre possible la colonisation d'Alger.

La colonisation dépendant de la possession libre et tranquille d'un certain territoire autour d'Alger, dont on étendrait les limites à mesure que la colonisation ferait des progrès, le système de protection et de défense à adopter doit avoir pour but d'empêcher toute invasion de ce territoire par l'ennemi.

A ce sujet nous devons d'abord préciser deux genres d'invasion. L'une par des troupes nombreuses, qui supposent un accord entre plusieurs des tribus de l'Atlas, et qui seraient en mesure d'occuper momentanément une partie du territoire et de le dévaster.

C'est particulièrement contre ce genre d'invasion que le gouvernement doit être en situation de garantir les colons. Nous ne dirons rien sur le système le plus convenable à adopter dans ce but; c'est une question de défense ordinaire à traiter sur les lieux, d'après une parfaite connaissance des localités et des ressources militaires dont on peut disposer. Elle doit être laissée aux officiers généraux et supérieurs qui sont à Alger, et la capacité, la prudence du gouverneur général éclaireront le ministre sur les différens systèmes qui peuvent être proposés dans l'intention de la résoudre.

L'autre genre d'invasion est celui de faibles partis, se glissant entre nos postes avancés pour surprendre et piller quelques établissemens. Contre ce danger, qui nous paraît inévitable, nous ne voyons de remède que l'adoption d'un système permanent et rationnel de défense par les colons eux-mêmes, aidés, secondés toutefois, par les forces militaires de la colonie. On ne peut avoir la prétention d'éviter entièrement ce genre d'invasion, mais l'essentiel est, 1° de n'être pas surpris; 2° d'avoir un bon système de défense et de secours mutuels; 3° de faire en sorte que jamais le parti qui serait parvenu à franchir nos lignes ne puisse en sortir sans y trouver la mort; c'est le véritable moyen de rendre ces invasions de plus en plus rares et de les faire cesser tout-à-fait.

C'est ce système permanent de protection et de défenses mutuelles, par les colons eux-mêmes, dont nous allons hasarder une ébauche qui aurait besoin, sans doute, d'être plus étudiée.

Ce qu'on peut faire de mieux, selon nous, c'est de suivre les usages anciens, pratiqués par les conquérans, soit en Afrique, soit en Espagne, à l'égard des mêmes peuples dont les usages et les mœurs sont encore ce qu'ils étaient à une époque reculée de l'histoire. Nous croyons qu'il y a, sous beaucoup de rapports, une complète analogie entre notre position et celle des Romains ou des Espagnols vis-à-vis des Numides ou des Maures, et que les leçons de leur expérience doivent d'autant moins être perdues pour nous, qu'aucune situation analogue ne s'est présentée depuis lors et ne peut, par conséquent, nous servir d'exemple. Nous ajouterons que, quelque soit l'application, plus ou moins lente et dispendieuse, que nous serons obligé de faire du système de défense et de protection adopté, après beaucoup d'essais et de tatonnemens, sans doute, par les anciens conquérans, il faudra, très vraisemblablement, finir par l'employer car, tout en reconnaissant les moyens nouveaux et plus puissans que nous pouvons avoir, nous ne pensons pas que, si l'on veut utiliser notre conquête, on puisse échapper à la nécessité d'adopter un système semblable ou très-analogue à celui des anciens.

Tous les lieux habités avaient une enceinte et un château (*castillo*) dont on peut observer les traces ou les ruines, souvent bien conservées, en Espagne, surtout en Andalousie. La même chose a été remarquée par Pacho dans la Cyrénaïque, et on en retrouve les vestiges en Égypte et dans toute la Mauritanie.

Les usages modernes coïncident même, plus ou moins complètement, avec les usages anciens sous ce rapport. Ainsi rien n'est plus rare, en Andalousie, que de voir des établissemens de culture isolés dans la campagne. Ce qu'on appelle un *cortijo* est le plus souvent une grange qui ne sert que pendant la récolte. Toutes les maisons habitées sont agglomérées en villages. A la moindre alerte des Maures, dans les temps anciens, les hommes garnissaient les remparts, les femmes et les enfans se retiraient dans le château qui servait de refuge à toute la population si l'enceinte était forcée, et dans lequel elle était presque toujours à l'abri en attendant les secours que les voisins ne tardaient pas à leur donner.

Nous voudrions que les établissemens de culture pour la colonisation qui nous occupe, fussent entrepris par association d'intérêts, de manière à procurer la construction d'une réunion de maisons agglomérées, assez considérable pour former un village, et que ces établissemens ne fussent point disséminés et séparés les uns des autres dans la campagne.

L'association pourrait se composer de plusieurs spéculateurs, voulant seulement faire exploiter, ou de plusieurs colons, ayant des capitaux suffisans, et voulant exploiter par eux-mêmes, ou enfin des deux classes d'individus réunies dans un même but.

Les villages devaient être établis, les uns par rapport aux autres, selon un plan déterminé d'avance, d'après les circonstances de localités, et dans l'intérêt d'une défense mutuelle et des plus prompts secours à se donner réciproquement; chaque village aurait un territoire déterminé par un rayon d'une certaine étendue, calculé sur la plus grande facilité de la défense commune. Les villages de diverses lignes formeraient entre eux un quinconce.

Ces villages devraient avoir une enceinte, un système de défense le mieux entendu, le plus simple, le plus économique, et cependant le mieux approprié aux difficultés locales et à la nature des dangers prévus. L'ordonnance, la direction des rues, la construction même des maisons et des bâtimens ruraux, devraient être soumises à un plan également favorable à la défense, en cas de surprise. On fournirait à chaque village une ou deux pièces d'artillerie de petit calibre.

La population devrait être armée et exercée, de manière à pouvoir se défendre contre un coup de main. Des règlemens appropriés seraient mis en vigueur, et observés avec soin.

Une garnison de quelques soldats, commandés par un bon sous-officier, serait placée dans chaque village, soit pour diriger et régulariser le service, soit, en cas d'alerte, pour donner l'exemple de la défense, et soutenir le courage des habitans.

Plusieurs villages rapprochés seraient placés sous la surveillance et l'inspection d'un même officier.

Les villages seraient successivement établis, en gagnant du terrain, à partir d'une limite déterminée, autour d'Alger, pour l'intérêt de la défense de cette place.

L'on conçoit que l'établissement successif de ces villages aurait besoin d'être protégé par un cordon de défense, qui doit être entièrement du ressort de la force militaire. La distance de ce cordon aux travailleurs, la distance des postes avancés entr'eux, la nature et l'espèce de retranchemens à élever, les réserves à établir, pour porter un prompt secours sur les points attaqués; tout cela sont des détails d'exécution, dont nous n'avons pas à nous occuper, ce sont des choses à déterminer sur les lieux. Seulement il va sans dire que ce cordon doit être permanent et avancer à mesure que de nouveaux villages s'établiraient en avant des premiers.

Un système de tours ou de *blockaus* mobiles, si cela est possible, pour y mettre des postes ou des sentinelles avancées, qui feraient des signaux convenus, de manière à garantir de toute surprise et le cordon et les travailleurs, doit sans doute entrer dans la combinaison qui serait reconnue être la plus favorable pour former le cordon dont il s'agit.

On arriverait ainsi, en avançant successivement, à pouvoir s'appuyer sur quelques positions avantageuses que l'on devrait fortifier et occuper d'une manière permanente, telles que celle de Belida.

Enfin on doit bien supposer qu'en proposant ce système régulier d'établissement des villages, comme si l'on agissait sur une surface rase et parfaitement uniforme, nous supposons aussi que l'on devra avoir égard aux rares villages existans aujourd'hui dans les environs d'Alger, et que la régularité de ce plan sera naturellement subordonnée aux exigences inévitables des localités.

L'enceinte, ou le système de défense de chaque village, seraient construits par les troupes, et au moyen d'un supplément de solde payé par les propriétaires du village.

Les armes seraient fournies à la population, au plus bas prix possible, par le gouvernement.

L'artillerie serait fournie gratuitement, et comme une prime d'encouragement accordée à l'association.

La petite garnison serait nourrie et recevrait

un supplément de solde, aux frais de la colonie.

Ainsi, le gouvernement n'accorderait qu'une protection peu onéreuse, et qui même, sous beaucoup de rapports, serait favorable à la santé et au bien-être des soldats.

Les sociétés ou les entrepreneurs d'exploitations se soumettraient sans difficulté aux exigences d'un semblable système; mais on conçoit que le succès de ce plan dépendrait absolument de la manière dont il serait compris et exécuté; de l'intelligence, de l'esprit d'ordre et d'économie avec lequel il serait mis en pratique; et surtout du respect de l'autorité civile et militaire pour le droit de propriété, et pour la liberté dont doivent jouir les associations d'intérêts agricoles.

Nous regardons comme étant une condition indispensable au succès qu'un pouvoir municipal très libéralement établi soit la base de l'administration de chaque village, et que la force militaire soit l'auxiliaire et non le tuteur de ce pouvoir. Chaque village doit être considéré comme étant une propriété privée tenant son droit, soit d'un achat direct du terrain exploité, soit d'une concession faite par le gouvernement sous de certaines conditions, soit enfin des impôts modérés auxquels elles doivent satisfaire pour subvenir aux besoins communs.

Le pouvoir municipal administrerait, règlerait

les intérêts de la communauté, sous l'empire du réglement administratif qui serait adopté par le gouvernement du Roi. Plus tard, et à mesure que l'extension de la colonisation le demanderait, on établirait des points de centralisation pour l'administration du territoire colonisé.

Ce plan est donc conçu dans la supposition :

1° Que des forces considérables ne pourront jamais s'emparer, ni même s'approcher du territoire de la colonie, sans que les troupes du gouvernement ne soient en mesure de les repousser avec avantage ;

2° Qu'il ne s'agit que de parer à des excursions subites et peu nombrseues de quelques partis qui s'aventureraient dans le seul but du pillage, du massacre, de la destruction, danger habituel et très réel que l'on doit prévoir, et contre lequel il faut toujours être en garde.

Nota. L'établissement de ces villages exigera beaucoup de matériaux dont le commerce s'empressera, sans doute, de fournir les colons ; mais les bois de constructions doivent, peut-être, par l'importance de la fourniture qu'ils exigeront, appeler l'attention prévoyante du gouvernement. Venant nécessairement d'assez loin, le trajet augmentera beaucoup leur prix. Serait-il impossible de profiter d'un débouché qui peut offrir, pendant bien des années, une consommation considérable pour utiliser ces immenses forêts des montagnes de la Corse, dont on ne tire aucun parti ? Ce serait un véritable bienfait pour la partie méridionale de cette île : c'est une vue que nous hasardons, quoique nous n'ignorions point que les constructions usitées autour d'Alger, presque toutes en pisé et en roseau, exigent moins qu'ailleurs des matériaux solides, mais parce que nous croyons qu'il y aura avantage de suivre à cet égard les usages européens.

IV.

Comment peut-on utiliser les troupes de la garnison?

La question de l'emploi des troupes à certains travaux d'utilité publique, a été si souvent traitée, et si complétement résolue, on a si bien démontré tous les avantages de cette mesure, soit pour les intérêts du trésor, soit pour la bonne exécution de ces travaux, soit pour la santé et le bien être des troupes, qu'il serait superflu de s'en occuper ici.

Nous avons indiqué les travaux auxquels on pourrait employer à Alger les troupes de la garnison. Ce sont les routes, qui manquent presqu'entièrement dans ce pays; les canaux de dessèchemens ou d'irrigation, qu'on jugerait à propos d'entreprendre, dans l'intérêt de la salubrité du pays et de la culture du sol, enfin tous les travaux de terrassement et de défense que l'établissement colonial pourra demander.

Les dispositions réglementaires et de prévoyance nécessaires pour organiser un semblable service, sont des choses de détail dont nous ne saurions nous occuper ici. Elles ne peuvent même bien se régler que sur les lieux.

Le nombre des troupes à y employer à la fois, dépend d'abord de l'importance des travaux dont l'exécution aura été décidée, et ensuite de la force disponible de la garnison.

Le régime a adopter pour l'exécution de ces travaux, c'est-à-dire, les heures de travail et de repos, du commencement et de la fin de la journée; la nature, la quantité des alimens à donner aux troupes, et surtout des liquides; l'espèce et la nature de la direction et de la surveillance à exercer; la manière dont les troupes seront établies ou bivouaquées selon l'éloignement des lieux habités; la quotité du supplément de solde qu'on devra leur allouer, soit lorsque les soldats travailleront pour le compte de l'état, ou pour celui des associations spéciales, soit enfin selon la nature même des travaux, etc. Toutes ces dispositions réglementaires dépendent des connaissances locales, de climat et de variations atmosphériques, de la nature des travaux à faire, et des terrains à remuer, des ressources que présente le pays, et enfin de beaucoup de considérations morales et physiques dont on devra tenir compte. C'est donc un travail à faire sur les lieux, et sujet à des modifications nombreuses.

Ce travail mérite une sérieuse attention; car les résultats les plus opposés peuvent naître de sa bonne ou de sa mauvaise exécution; de l'intelligence, du discernement et de la juste appréciation des faits qu'on y aura apportés. La manière dont on le mettra en pratique, le système de surveillance qu'on adoptera seront aussi pour beaucoup dans le succès de cette importante mesure, sur laquelle nous croyons inutile de nous arrêter davantage.

V.

Quelles sont les meilleures cultures à adopter et à encourager.

D'après la solution que nous avons donnée pour la deuxième question, on doit penser que l'objet de celle-ci nous paraît devoir rester entièrement étranger à l'action du gouvernement. C'est aux colons, seuls chargés du soin de cultiver le sol africain, qu'il faut laisser la tâche, chacun pour son compte, d'examiner le genre de culture qu'il leur convient d'adopter, selon l'étendue de leurs ressources, leur genre de capacité, et la nature du sol dont ils seront devenus propriétaires.

L'intérêt privé, éveillé par l'espoir d'un plus grand bénéfice, ne tardera pas à vouloir essayer tous les genres de culture et d'entreprise qu'il croira devoir lui être les plus avantageux. Il và sans dire qu'il y aura beaucoup de mécomptes dans ces premières tentatives; mais enfin, après des essais infructeux, et des tatonnemens qu'il est impossible d'éviter, l'expérience fera connaître les cultures les plus avantageuses, selon telle nature de sol et telle espèce d'exposition. Quelle que soit, par exemple, la probabilité du succès que doit offrir la culture du coton, quelle que soit l'habileté des hommes que l'on emploiera à la direction de cette culture, il n'en est pas moins vrai qu'avant d'obtenir des résultats complètement satisfaisans, il faudra, peut-être, passer par plusieurs années d'épreuves, à cause de toutes les modifications que l'application de cette culture à un sol nouveau et inconnu demandera nécessairement.

Il en sera de même pour toutes les autres espèces de cultures, peut-être aussi pour celles dans lesquelles les européens ont le plus d'expérience, et à plus forte raison pour les cultures des contrées tropicales, telles que le sucre, l'indigo, etc., pour lesquelles il faudra nécessairement faire venir des hommes qui aient l'habitude et l'intelligence de ces cultures. Il y a dans tout, et particulièrement en fait d'agriculture, une expérience à acquérir, et que rien ne peut remplacer.

C'est aux colons à faire eux-mêmes les essais, les tentatives qu'ils jugeront convenable de faire, et le gouvernement entrerait dans la voie la plus fausse et la plus onéreuse, s'il voulait lui-même se livrer à ce genre de recherche.

Sans doute, lorsque des motifs particuliers d'intérêt public auront fait reconnaître au gouvernement l'utilité, la convenance de chercher à faire surmonter les obstacles qui pourraient s'opposer à l'introduction de tel genre de culture qui demanderait soit un sacrifice de temps, soit des avances considérables de fonds, il devra faire alors plus encore là qu'ailleurs, ce qu'il doit faire partout, c'est d'encourager des efforts utiles, de récompenser même, d'aider, s'il le faut, les colons qui voudront seconder ses vues à ce sujet.

La concession gratuite du terrain est, à cet égard, un des plus grands moyens à employer; mais ensuite le gouvernement a aussi à sa disposition ces récompenses honorifiques, toujours si puissantes sur les hommes quant elles sont accordées avec justice et discernement, et dont il pourra faire usage au besoin. Là, doit se borner selon nous, son action.

Si cependant, et malgré les motifs que nous venons d'exprimer, on désirait que nous repondissions complétement à la question qui nous occupe, nous croirions d'abord devoir faire observer qu'elle n'est pas de nature a être résolue à *priori*, que l'expérience et le temps peuvent seuls en procurer la solution, par suite des essais qui seront faits pendant la colonisation. Nous nous bornerons donc à quelques indications fort sommaires.

Cheval. Avant de parler des productions végétales, nous dirons un mot des chevaux, dont l'éducation peut devenir à Alger une branche d'industrie très lucrative pour les colons. Le cheval algérien diffère peu de la race pure arabe, il en conserve en général les principales qualités; mais il est mal soigné. On en aurait dans les environs d'Alger autant qu'on le voudrait, et l'on se procurerait en abondance tout ce qui est nécessaire pour les nourrir, dit M. Rozet (1). Ces chevaux se vendraient très bien en Europe et ils s'y acclimateraient parfaitement, car ils vivent dans le voisinage de Médéya, dont la température est à peu près celle de nos contrées. Ils sont plus vifs que les nôtres; ils feraient de fort jolis chevaux de selle, et ils offriraient une très bonne monture pour notre cavalerie légère.

Laines. Les Berbères et les Arabes élèvent une prodigieuse quantité de troupeaux, mais en général les laines de Barbarie sont peu estimées. Outre la petite espèce, semblable à celle de France, qui est la plus commune dans la régence, on y trouve une espèce beaucoup plus grande, et dont la laine est fort longue. Le mouton a grosse queue du royaume de Tunis pourrait facilement y être introduit, et il est alors à présumer que les laines de ces deux espèces, longues et assez belles, mais surtout beaucoup plus fortes que les nôtres, pourraient offrir un grand intérêt pour nos fabriques.

(1) *Voyage dans la régence d'Alger*, etc., tom. Ier, p. 271.

Céréales. Nul doute que presque toutes les céréales d'Europe réussiront admirablement à Alger; mais nous ne pensons pas qu'il y ait un grand intérêt à en produire plus que ce qui sera successivement nécessaire pour la consommation locale; car, pendant long-temps encore, peut-être, les blés de la Crimée seront produits à un prix qui ne permettrait pas à ceux d'Alger de soutenir la concurrence. C'est une question à examiner lorsqu'on connaîtra parfaitement le prix de main d'œuvre à Alger; mais il semble que d'autres cultures doivent y être plus avantageuses pour l'exploitation.

Huile. La France exporte de l'étranger pour 15 à 20 millions d'huiles chaque année. Cela suffit pour montrer de quel intérêt serait dans la colonie la culture de l'olivier qui peut prospérer dans des terrains qui ne conviennent pas à beaucoup d'autres cultures. Cette culture serait d'autant plus importante qu'elle diminue en Provence d'une manière notable.

Soies. Nous sommes annuellement tributaires de l'étranger pour 30 à 40 millions de soies. Si, comme on doit le penser, le mûrier réussit bien à Alger, voilà encore une branche de produit d'un immense avantage pour la colonie; surtout si la qualité de la soie qu'on peut obtenir par suite de cette culture répond aux besoins principaux de notre industrie.

Tabac. Sans doute il suffirait de permettre l'extension de cette culture en France pour qu'elle y fit de grands progrès et que la consommation en devint beaucoup plus considérable par le seul abaissement du prix qui s'ensuivrait. Mais nous serons toujours tributaires des pays chauds pour des qualités supérieures qui donnent de la saveur à nos tabacs des départemens septentrionaux surtout. Celui du midi a déjà beaucoup plus des qualités qui leur manquent et qui tiennent au climat. Le tabac cultivé à Alger nous affranchirait sans doute de la nécessité d'acheter les tabacs de Virginie, dont la latitude est la même que celle d'Alger.

Vins. L'on doit espérer les plus heureux résultats de la culture de la vigne sur le territoire algérien pour la production des vins spiritueux ou de liqueurs qui manquent à la France, et pour lesquels toute l'Europe est tributaire de l'Espagne, du Portugal, ou des îles Canaries. Nul doute que la culture des plans que l'on pourrait importer de Porto, de Xères, de Rota, de Malaga, d'Alicante ou de Madère, n'appelle bientôt la colonie au partage de cette riche branche de commerce, et ne lui soit extrêmement avantageuse. Vraisemblablement aussi les vignes de l'archipel y réussiraient également très-bien; et quand on sait combien la culture de la vigne et la fabrication du vin sont peu soignées dans les pays dont nous venons de parler, et où le soleil est presque la seule raison de leur supériorité, on ne peut s'empêcher de penser que l'on obtiendrait vraisemblablement des mêmes espèces de vignes, avec les soins que l'on pourrait y apporter, des vins d'une qualité bien supérieure.

Amandes. Ce que nous récoltons est inférieur à nos besoins; celles de Sicile et d'Espagne n'ont pas les qualités de celles de Provence. La culture de l'amandier pourrait être utilement encouragée à Alger, et offrirait quelque avantage.

Sumac. Nous le tirons de la Sicile : il nous manque entièrement; il croit dans des terrains arides et pierreux, et pourrait peut-être fournir un bon revenu dans les cantons où sa culture pourrait s'introduire avec succès.

Sucre. La culture de la canne serait très vraisemblablement fructueuse à Alger, puisqu'elle prospère à Motril, sur la côte opposée d'Andalousie, et qu'on la cultive aussi en Égypte, mais l'expérience pourra seule démontrer si cette culture peut y offrir de très grands avantages, à cause des frais considérables qu'elle nécessite, du bas prix des sucres de l'Inde, de la concurrence de nos autres colonies, et enfin de l'extension que prend en France la culture de la betterave. Nous ne pouvons donc rien préjuger à cet égard, l'expérience en décidera. Mais nous présumons que la culture suivante sera vraisemblablement plus lucrative.

Cotons. La France achète, année commune, pour 50 à 60 millions de coton : voilà assurément un marché bien susceptible d'exciter le zèle des colons pour ce genre de culture. Nous pensons que le sol et le climat lui seront également favorables, puisqu'elle réussit bien en Espagne et en Égypte. Peut-être le coton d'Alger n'aura-t-il point la finesse et la longueur de celui des États-Unis et de Fernambouc, mais on peut espérer qu'il égalera ceux de Smyrne.

Café. Peut-être pourra-t-on essayer aussi cette culture, mais le succès en est moins probable que celles dont nous venons de parler.

Indigo. Cette culture serait incontestablement susceptible de réussir à Alger comme en Espagne, où des essais en grand, pendant notre séjour, ont eu les plus heureux succès, mais tout consistera dans l'examen des frais de production. Nous en importons pour 8 à 9 millions par années, ce qui vaudrait la peine de faire des tentatives pour arriver à le produire à un taux qui n'imposât pas de trop grands sacrifices, en abandonnant nos achats dans l'Inde, où on le produit à un prix fort modique.

Pois d'Angole, ou de 7 ans (*Cytisus Cajan*, Lin.). Cet arbrisseau produit l'aliment le plus sain. Il dure 6 à 7 ans, et il rapporte pendant 4 ou 5 mois de l'année. Nous pensons qu'il serait très utile d'en introduire la culture à Alger. Sa culture est simple et facile.

Il en serait de même de beaucoup d'autres productions exotiques, utiles ou agréables, que le temps procurera sans doute à la nouvelle colonie.

Le succès des cultures principales que nous venons d'indiquer dépendra absolument des bases qui seront adoptées pour nos rapports avec la colonie. Si l'esprit de fiscalité domine, il tuera tout.

FIN.

www.ingramcontent.com/pod-product-compliance
Ingram Content Group UK Ltd.
Pitfield, Milton Keynes, MK11 3LW, UK
UKHW020317220726
13923UKWH00003B/1199